这本图书属于：

致敬托马斯·桑卡拉，非洲革命家，他深知“妇女能撑起半边天”。
也向他的朋友我的父亲致敬。
——阿提努克
献给我的父亲，我生命中的第一个非洲人，我希望他能看到这本书。
——莫妮·费达格

作者的话

非洲一直处于变迁之中：现代生产及生活方式在部分国家或地区已经形成，而旧的习俗正在消亡。这本书只能描绘出我写作时的非洲印象。我相信所有的资料都是准确的——我们已经反复检查过——但是任何人都会犯错。如果你发现了错误，还请原谅，也请享受阅读这本书的乐趣，它所呈现的是对这片最迷人的大陆的小小一瞥。

本书插图系原文插图，地图为原书手绘图，非标准地图。

浪花朵朵

这里是非洲

AMAZING AFRICA

[尼日利]阿提努克 著
[英]莫妮·费达格 绘
黄豆豆 译

浙江科学技术出版社·杭州

目录

引言

写作这本书是一段奇妙的旅程。我之所以想写这本书，起初是因为我想把我发现的那些和非洲有关的令人兴奋的事情跟大家分享。然而我开始动笔的时候却发现，非洲还有无数令人更加兴奋的事情。

最早的人类在非洲出现并扩散到全球。所以从现代人类起源上来说，我们都来自非洲！

你知道非洲非常大吗？它的面积差不多相当于整个欧洲、整个南美洲和亚洲的印度的面积总和！

你知道没有人能够断言非洲国家的官方数量吗？这是因为仍有“国家”没有得到国际社会的广泛认可，所在的地区仍有主权争议，虽然它一直在努力走向独立。

你知道在每一个现代非洲国家，人们都使用着多种不同的语言吗？这是因为非洲国家是由很多古老的非洲王国组成的，这些王国都拥有自己的语言和习俗，而这些语言和习俗流传至今。

非洲不只是一块大陆。这块大陆上分布着众多国家和地区。并且，每个国家都有许多不同的文化、历史以及各种各样的风景。非洲国家一定是我们地球上最具多样性的国家！

非洲是炎热的，这里有令人炫目的沙漠；非洲是狂野的，这里有空气潮湿的三角洲；非洲是神秘的，这里有植被茂密的热带雨林；非洲是白色的，这里有沙

摩洛哥
阿尔及利亚
突尼斯
利比亚
埃及
红海
西撒哈拉
毛里塔尼亚
佛得角
马里
尼日尔
苏丹
厄立特里亚
吉布提
塞内加尔
冈比亚
几内亚比绍
几内亚
塞拉利昂
利比里亚
科特迪瓦
布基纳法索
加纳
多哥
贝宁
尼日利亚
乍得
索马里
埃塞俄比亚
南苏丹
中非
喀麦隆
赤道几内亚
圣多美和普林西比
加蓬
刚果（布）
刚果（金）
乌干达
卢旺达
布隆迪
肯尼亚
印度洋
坦桑尼亚
塞舌尔
大西洋
安哥拉
马拉维
科摩罗
赞比亚
纳米比亚
津巴布韦
莫桑比克
马达加斯加
毛里求斯
博茨瓦纳
斯威士兰
南非
莱索托

滩覆盖的海岸；非洲是平坦的，这里有长满草的稀树草原；非洲是寒冷的，这里有白雪覆盖的山脉；非洲有黑色的火山群岛；非洲有深蓝色的海洋；非洲还有更多……

非洲有建有高楼大厦和高速公路的现代大型城市，有保留了清真寺和图书馆的古老的黏土之城，也有搭着饲养山羊和鸡的棚子的村庄，还有由硬纸板和瓦楞铁搭建而成的棚户区。

非洲有毛驴和钻石、骆驼和可口可乐、狮子和兰博基尼汽车、油井和军队、足球……

非洲有超过10亿的人口，在我写作这本书的时候人口就已经这么多了，而且每天新生儿的数量都在增长。在这片大陆上，有超过一半的人口是年轻人——非洲有地球上最年轻化的人口年龄结构。

非洲有非常多的动物——成千上万种不可思议的动物，而它们正在快速地消亡。尽管数千年来以狩猎和采集为生的人们一直在捕猎动物，但是他们从未威胁到这些物种的延续。人类的现代生活方式却彻底摧毁了它们。

气候变化正在改变当地的自然景观、文化、人们的生活方式和居住地，以及动物的生活习性和栖息地。正在席卷世界的现代科技文明也促使了这些改变的发生。

一些非洲国家的现代化程度让人难以置信，这里有最先进的医院、数字城市和奢华的跑车。还有一些国家则很落后，那里的人们仍旧在放牧骆驼和山羊，走上数公里的路去取水。实际上，在大多数国家上述两种状况都同时存在。非洲一直以来都是一片古老传统与现代创新共存的大陆。

非洲有世界上最早建立的大学，比欧洲还要早上200多年；而且在大学建立前的1000多年里，知识中心就在此蓬勃发展起来。正是在非洲，医药学、工程学、数学和天文学都获得了发展。非洲学者知道地球是圆的且围绕太阳旋转，这一认识要比欧洲学者早上数百年。最初的字母就源于非洲的圣书体。

今天，来自非洲国家的发明家在医药、机器人、软件工程、可持续技术、金融和其他领域都有所发现。

这个世界有太多需要感谢非洲的地方了！

这本书是对非洲的一次礼赞。但是在这片大陆上也存在着许多令人心碎的事。这里依然有奴隶制，依然有战争和饥饿。我们的世界现在已经是一个地球村了，为了让非洲成为一个更好的地方，我们得努力使整个世界变得更好。这就意味着我们可以从身边的小事做起。

我无法把所有我所了解和热爱的关于非洲的每一件事都写进这本书里。受篇幅所限，每一个国家只能提到两三件事情。希望这本书能让你想去更多地了解非洲——我们地球上那块充满魅力的大陆！

阿提努克

南部非洲

安哥拉、博茨瓦纳、莱索托、马拉维、莫桑比克、纳米比亚、南非、斯威士兰、赞比亚、津巴布韦

南部非洲沿印度洋和大西洋一带分布着很长的白沙滩，在那里，人们可以和鲸、海豚一起游泳嬉戏。南部非洲拥有开阔的稀树草原，在那里，长颈鹿、斑马和犀牛在漫步，猎人们曾悄悄地接近它们。南部非洲拥有世界上最古老的沙漠，历经数百万年，羚羊、大象、狮子和人类都已经学会了在那里生存。南部非洲有一些世界上现代化程度最高的大都市，那里有大型银行、先进的医院、大型博物馆和疯狂的夜店。大多数南部非洲人的祖先就是非洲人，但是还有一些人的祖先来自欧洲或者亚洲的印度。因此，就像美国和英国一样，这里也有黑人、白人、亚裔非洲人和许多混血儿。

欢迎来到南部非洲！

"Mauya!"（修纳语），"NgiyaNeMUKeLa!"（祖鲁语）

"Welkom!"（南非荷兰语），"Siyalemukela!"（恩德贝勒语）

"Namkelekile!"（科萨语），"Welcome!"（英语）

罗安达
安哥拉
赞比亚
乌拉维湖
乌拉维
莫桑比克
津巴布韦
纳米比亚
博茨瓦纳
斯威士兰
莱索托
南非
印度洋
大西洋

安哥拉

安哥拉的首都罗安达位于大西洋沿岸，西临海湾，那里的摩天大楼俯瞰着棕榈树和海湾里的大型白色游艇。办公室里，人们忙着用电脑和手机处理工作；大街上，人们忙着大声叫卖商品、按汽车喇叭。城市之外是热带雨林，那里是丛林土著拿着弓箭静悄悄走过的地方，也是一个到处有蝴蝶、鸟儿、猴子和蜥蜴的地方。热带雨林中茂密的树木可以帮助我们的地球呼吸。

★ 篮球在安哥拉非常受欢迎。许多安哥拉篮球运动员都和知名篮球队签约。

✱ 安哥拉向全世界供应石油和钻石。

◉ 巴西战舞卡波耶拉可能就起源于安哥拉。

博茨瓦纳

博茨瓦纳盛产钻石、牛和野生动物。这里是百万富翁、放牛人和以狩猎采集为生的人们的家园。百万富翁们想要深挖土地和矿山来获取钻石。热爱放牛的人们希望这片土地上没有食肉动物，这样牛群就可以安稳地吃草了。对他们来说，牛群就是财富。而游牧的布须曼人既不关心钻石也不关心牛群，他们希望这片土地能保持原始的野性和自由——就像他们自己一样。

★ 措迪洛山坐落在卡拉哈里沙漠里，山上有多幅岩画（刻画在岩石或崖壁上的图画），它们都是远古游牧民族的作品。

＊ 在博茨瓦纳，黑犀牛一度完全灭绝，而白犀牛也处于濒危的境地，因此人们在塞罗韦建立了犀牛保护区。白犀牛在那里繁衍生息，有一天一头黑犀牛越过国界，从津巴布韦来到了保护区。现在又有黑犀牛愉快地生活在博茨瓦纳了！

莱索托

莱索托是世界上海拔最高的国家之一，因此也被称作“天空之国”。有一些地方只能通过步行或乘坐小型飞机才能到达。冬天这里被白雪覆盖，很适合滑雪；这里也非常寒冷，所以毯子成了必备品。人们不仅晚上睡觉时盖着毯子，白天也会披着毯子。现在莱索托有Gap（盖璞）、Saks（萨克斯）和Foot Locker（富乐客）等品牌的制衣工厂。人们也像披着传统的毯子那样经常穿着外套和夹克。

★ 人们在莱索托发现了恐龙足迹化石，这些足迹化石已经有超过1.8亿年的历史了！

✱ 莱索托把水资源出售给环抱着它的邻国南非。高原上一座巨大的水坝和输水隧道把水输送到南非——而水流的能量又被用来发电，缓解当地用电紧张的状况。

马拉维

马拉维曾经以编织的篮子和木雕面具闻名于世，现在则因汽车燃料而闻名！在马拉维，汽油很昂贵，因此为了使汽车行驶起来更便宜，马拉维人尝试把乙醇（用甘蔗或者玉米生产）和汽油混合起来做燃料。后来他们发明了一套设备，可以让汽车只燃烧乙醇。那是一种非常廉价的出行方式。

★ 马拉维有一些伟大的年轻发明家和工程师，威廉·坎库温巴就是其中之一。他14岁时在图书馆的一本书上看到了一幅图表，这幅图表介绍了可以发电的风力设备，之后他便利用废铁造出了一架风车。

✱ 马拉维湖里生活着1000多种鱼，其中大多数的种类只有马拉维湖中才有。这些鱼色彩鲜艳，非常漂亮，被出售给世界各地的宠物店，然后再被人们买回去放进热带鱼缸。

莫桑比克

足球是莫桑比克最受欢迎的运动。在城市，人们涌进体育馆观看他们喜爱的足球队的比赛。在小镇，那些足够幸运的孩子会在足球场上踢球，没那么幸运的孩子则在街道上踢球。在乡村，孩子们就在任意找到的一小块平整的土地上踢球。如果连一个真正的足球都没有，他们就用破布、塑料袋、树皮、橡皮筋，或者其他任何可用的东西来做一个，真是这样！

★ 莫桑比克的特产之一是一种辣椒酱（在英语中被叫作peri-peri sauce），它是用本地产的小辣椒做的，这种辣椒在斯瓦希里语中被称作piri-piri。

✱ 莫桑比克的民族音乐被称作“马拉本塔”（Marrabenta）。由于混合了嘻哈和说唱音乐，它变化得非常快，但是有些东西是保持不变的——它的节奏依然可以令人雀跃起舞！

纳米比亚

在纳米比亚，有一片延伸至大西洋的沙漠——在那里你可以找到地球上最大的沙丘。那些粉色和橙色的沙丘是如此巨大，人们甚至可以从沙丘顶上“冲浪”下来。海滩上雾气茫茫，因为沙地上方炎热的空气与大西洋洋面上方的冷空气相遇形成了雾。大雾导致船只看不到纳米比亚海岸附近参差不齐的岩石而触礁，共有 1000 多艘遇难船只的残骸散布在这雾气腾腾的海滩上，此外海滩上还有鲸和海豹的骸骨。所以，这条海岸线被称作“骷髅海岸”一点也不奇怪！

★ 2008年，一艘埋在沙子里的船只残骸被人们发现。它是一艘葡萄牙船，于1553年消失在驶往印度的途中。船上装载的金币和象牙，价值超过8000万元。

✱ 纳米比亚有一片盐漠，它特别洁白且面积巨大，以至于能被宇航员从太空中看到。纳米比亚还有另外一片沙漠，那里也曾无比闪耀，只不过不是因为盐而是因为钻石。你只需用手在沙子里摸索，就有可能收集到钻石！

南非

南非因其人口混合着白人、黑人和亚裔而被称作“彩虹之国”。曾经，这里发生过非常严重的种族冲突，因为一些白人认为他们比其他种族优秀，只有他们可以就业、拥有土地和接受教育。以纳尔逊·曼德拉为代表的另外一些人，则为人人平等而斗争。现在，斗争已经结束，但南非人民仍一直在为维护和平而共同努力。南非是非洲最现代化的国家之一，这里有约翰内斯堡、开普敦这样的大城市，有足球场、购物中心、豪宅，也有贫民窟，各种各样的人在这里生活、工作和娱乐。

★ 纳尔逊·曼德拉是南非第一位黑人总统。在斗争中，他曾被关在监狱长达27年之久。他被告知，只有停止为所有南非人民的平等而进行的斗争，才能获得自由。而他始终拒绝这一要求！

* 南非有很多汽车工厂：宝马、克莱斯勒、菲亚特、福特、通用、奔驰、日产、丰田和大众汽车。同时南非也有自己的汽车制造产业，有Advanced Automotive Design（高级汽车设计）、Bailey Cars（贝利汽车）、Birkin Cars（伯金汽车）和Perana Cars（佩拉纳汽车）这四家大型的汽车制造企业。

斯威士兰

斯威士兰国王是今天全非洲最后一位严格意义上的国王。姆斯瓦蒂三世自 18 岁起就成了国王，每一个机构甚至每一个人——议会、报纸、军队和警察——都必须按照他说的去做。姆斯瓦蒂国王拥有很多辆小汽车、很多座宫殿，甚至很多位妻子。他非常非常富有，然而大多数斯威士兰人民非常非常贫穷。

★ 斯威士兰的传统房屋呈半球形，用芦苇和草编织覆盖，非常漂亮。

✱ 每逢斯威士兰节日来临，人们都喜欢穿上色彩艳丽的传统服装，跳起传统舞蹈，唱起传统歌谣，所有这些数百年里都没有变过。其中一首歌的名字是《土地都是国王的》！

赞比亚

在赞比亚，很多人把东西顶在头上来运送：篮子、桶甚至是大麻袋。搬运重物的时候，使用强壮的颈部肌肉要比用瘦弱的胳膊轻松多了。赞比亚人不用手扶着就能把物品稳稳地顶在头上，甚至在他们跑起来或者骑摩托车时也能保持这种平衡。这是一道风景，很有技巧性，还很有趣——几乎整个非洲都是这样做的。

★ 在赞比亚和津巴布韦的交界处，有地球上最大的瀑布。它被称作“莫西奥图尼亚”，意思是雷鸣般轰鸣的烟雾，这是因为下落的水帘撞击河水产生的水雾，看起来就像烟雾，而且在30～50公里以外就能被看到。在英语世界，人们把它称作“维多利亚瀑布”。

* 每年，至少有1000万只果蝠聚集在赞比亚。这是地球上规模最大的哺乳动物迁徙！

津巴布韦

津巴布韦的建筑让人觉得不可思议。这里既有摩天大楼和雕塑林立的现代化城市，也有古老的城市废墟大津巴布韦遗址。然而最令人难以置信的是矗立在马托博国家公园中的平衡石。这些岩石有些像小汽车一般大，稳稳地立在房子大小的岩石之上，而最下面是一块足球场大小的岩石。还有一些岩石像卡车一样巨大，立在微型车大小的岩石上，而最底下的岩石竟和购物车一样大小。这些岩石数百万年来不曾摇晃摆动，所以人们不仅在上面攀爬，甚至还在这些岩石的阴影处建造了房屋！

★ 有人说，大津巴布韦是一个古王国的首都，这个王国把珍贵的金属和珠宝卖给英明的所罗门王。《圣经》《安拉》和《古兰经》中都有所罗门王的宝藏的记载。

东部非洲

科摩罗、吉布提、厄立特里亚、埃塞俄比亚、肯尼亚、马达加斯加、毛里求斯、卢旺达、塞舌尔、索马里、南苏丹、苏丹、坦桑尼亚、乌干达

东部非洲因拥有广袤的稀树草原而闻名于世，那里生活着非洲最受欢迎的动物——大象、狮子、长颈鹿、斑马等。在大草原之外，耸立着非洲最高的山脉，在那里，你会发现非洲最深的湖泊，以及气势最磅礴的瀑布。东部非洲是距离亚洲最近的非洲地区。一千多年前，亚洲商船已经横渡印度洋到达非洲，商人们带着茶叶、香料、丝绸和火药，用来交换东部非洲的黑檀、象牙、黄金、盐和劳动力。阿拉伯民族也参与到这种贸易往来之中。在数世纪以来共同的经商往来过程中，东部非洲的斯瓦希里语吸收了很多阿拉伯语和其他亚洲语言词汇。在欧洲人知道非洲（甚至美洲）的存在以前，斯瓦希里城邦数百年里都保持着繁荣兴盛。斯瓦希里语至今仍是东部非洲最重要的语言。同时，东部非洲至今仍然是一个来自不同大洲的文化、传统和宗教的大熔炉。

欢迎来到东部非洲！

"Karibu!"（斯瓦希里语），"iNiKwaNi dehiNa MeT'ahi!"（阿姆哈拉语）

"Baga nagaan dhufte!"（奥罗莫语），"Soo dhowow"（索马里语）

"ahlan bik!"（阿拉伯语）

地中海
苏伊士运河
红海
苏丹
厄立特里亚
吉布提
吉布提
埃塞俄比亚
南苏丹
索马里
印度洋
乌干达
肯尼亚
内罗毕
维多利亚湖
卢旺达
坦桑尼亚
塞舌尔
科摩罗
马达加斯加
毛里求斯
印度洋

科摩罗

在科摩罗群岛，有上百座供人们做祷告的清真寺。有些清真寺宏伟巨大，有些则狭小破旧。大多数孩子去古兰经学校上学。在那里，他们学习阅读和书写流畅的阿拉伯文字，学习伊斯兰教的圣书——《古兰经》。岛上到处长满了香气扑鼻的鲜花。人们用这些鲜花制作散发着甜味的精油，然后再把精油销往世界各地制成香水。其中一些精油甚至被认为是神圣的。

★ 科摩罗主要由四个岛屿组成：大科摩罗岛、莫埃利岛、昂儒昂岛和马约特岛。

مرحبا!

“你好！”（阿拉伯语）

* 伊斯兰教是科摩罗最大的宗教。科摩罗法律主要来自伊斯兰教教法和普通法。

吉布提

自 3500 多年前开始，非洲、亚洲和欧洲的货船就停靠在吉布提开展贸易活动了。时至今日，吉布提的首都依然是世界上最繁忙的港口之一，集装箱货轮在这里加油和交换货物。在城市之外，大部分土地是游牧民族生活的沙漠。人们形容吉布提就像月球，有着白色的盐湖、龟裂的土地和被地下热泉蒸汽环绕着的高高的碳酸钙石林。

★ 白色盐湖阿萨尔湖是整个非洲大陆地势最低的地方——在海平面以下155米！

✱ 吉布提文化是非洲文化、法国文化和阿拉伯文化混合在一起形成的，甚至连食物也是混合的。萨布萨（Sambusa）在吉布提是一种非常受欢迎的小吃——它和印度的咖喱角很像。

厄立特里亚

厄立特里亚是许多游牧民族的家园。这些游牧民族居住在用编织的毯子搭成的帐篷里，这样清凉的微风就能够透进帐篷。他们不停地搬家，追逐着雨水，因为雨水可以填满水井、浇灌草地，也正是有了这些青草，他们的羊、骆驼和牛才得以茁壮成长。游牧民族依靠他们的牛群生产的肉和奶生活，因为这片土地太缺水了，粮食作物无法生长。游牧是我们地球上的一种古老的生活方式。如今游牧民族也在逐步进入现代化，一些人使用卫星定位系统和手机软件来查看哪里有雨，哪里有最好的草地。

★ 厄立特里亚独立战争（1962—1991）中，厄方军队中超过三分之一的士兵是女性。

✱ 在厄立特里亚，有将近600种艳丽的鸟。厄立特里亚位于鸟类的迁徙路线上，所以在欧洲也能看到很多相同的鸟类。

埃塞俄比亚

埃塞俄比亚是全世界首批基督教国家之一——也许是最早的！在最初的岁月里，基督徒经常因他们的信仰而受到攻击，所以在埃塞俄比亚有很多教堂建在了高山上安全的地方——安全到难以到达的地方。其中一些教堂被凿刻在地下的岩石中，另外一些被建在高高的悬崖峭壁之上——人们必须攀岩才能到达。在教堂内部，屋顶和墙壁上描绘着巨幅美丽而色彩明艳的壁画，上面画着基督教圣徒、国王、使徒和天使。

★ 19世纪末期，欧洲国家几乎占领了整个非洲，除了埃塞俄比亚和利比里亚。这激励着其他非洲国家开始它们漫长的争取独立的斗争。当然，这也激励着拉斯特法里教①信徒。他们以埃塞俄比亚最后一位皇帝即位前的称呼“拉斯·特法里”来为自己的运动命名。

✱ 人们认为咖啡最早源于埃塞俄比亚——喝咖啡的习惯正是从那里传播到世界各地的。

① 拉斯特法里教是一个黑人基督教运动，自20世纪30年代起兴于牙买加。——编者注

肯尼亚

肯尼亚因其境内的狮子、大象、长颈鹿、斑马、犀牛和河马而闻名于世。和野外生活相比，肯尼亚的城市生活同样狂野和精彩。首都内罗毕拥挤的街道上人群熙熙攘攘，这些人是非洲人、印度人、中国人、阿拉伯人和欧洲人的后裔。他们忙忙碌碌地进出商场，登上或跳下五颜六色的公共汽车，打着电话聊着天，或者在做网上银行业务。

★ 肯尼亚这个国名由其境内的最高峰基里尼亚加峰而来，源自“基里尼亚加”在基库尤语中的发音，“基里尼亚加”在基库尤语中的意思是“白色山峰”。

✱ 内罗毕国家公园就位于肯尼亚首都内罗毕近郊——只有一道强大的电网将动物和城市街道隔开，以防动物漫步到街道上。公园里的长颈鹿可以很清晰地看到市中心的摩天大楼。而在城里，人们真的可以在地平线处看见长颈鹿的身影！

马达加斯加

马达加斯加岛在 8800 万年前从非洲大陆分离出去，成为印度洋中的一座岛屿。这里有 20 万种动物，其中大约 80% 的动物在地球上任何其他地方都找不到。这里有和猫一样大的变色龙，样子像枯叶的壁虎，还有一些颜色和番茄一样的青蛙！

★ 马达加斯加岛从非洲大陆分离出去的时候并没有人类居住。第一批到达这个岛屿的人们来自马来群岛。直到现在，马达加斯加的食物、语言和习俗都跟东南亚非常相似。

* 座头鲸会到马达加斯加岛海岸繁殖后代。这里是全世界最适合观看座头鲸跃出水面、聆听它们歌唱的地方！

毛里求斯

毛里求斯是非洲国家中唯一一个以印度教为主流宗教的国家。毛里求斯人中差不多有一半是印度教徒，而其他人主要是基督徒和穆斯林。印度教是一种源自印度的宗教，美丽的金色庙宇里敬奉包括主神在内的许多不同的神。毛里求斯的货币叫“卢比”，和印度的叫法一样。这是因为生活在毛里求斯的大多数人都是印度移民的后裔。其他人则来自非洲、亚洲的中国或者欧洲，他们也都是移民，因为直到1598年这个岛上才有人居住！

★ 人们到来以前，毛里求斯没有捕食性动物。因为没有什么可担心的，鸟儿竟然忘记了怎样飞翔，所以都长得很大。其中一种鸟被称作“渡渡鸟”，它们现在已经灭绝了——对于那些发现这个岛屿的饥饿的水手们来说，它们实在是太容易被抓到了。

✱ 毛里求斯有一座数字城市，城里的技术人员都在高科技场所里工作。

◉ 阿米娜·古里布-法基姆在2015年成为毛里求斯首位女总统。她不仅是一位政治家，同时还是一位世界著名的生物学家。

卢旺达

卢旺达被称为“千丘之国”。它是一个位于高山上的小型国家，几乎没有平地。道路不是向上、向上、向上，就是向下、向下、向下。人们在卢旺达的丘陵和山地上种植茶叶和咖啡，销往世界各地。因为在陡峭的斜坡上是难以种植作物的，农民们就在山地上开垦出小块平地来种植，它们看起来就像是巨大而弯曲的绿色台阶。

★ 一些山脉至今仍然覆盖着原始雨林，在那里生活着罕见的山地大猩猩。大猩猩爸爸的身高超过1.8米，它们的双臂伸开差不多有2.5米长！它们知道怎样打开偷猎者的陷阱来救出爱人……它们还会照顾失去了母亲的小猩猩。

塞舌尔

塞舌尔是一个由 115 个岛屿组成的国家！这些岛屿上遍布着美丽的鸟儿、令人惊奇的动物和独特的植物——稀有的非洲黑鹦鹉、象龟，结着形状像水母的果实和世界上最大坚果的树！幸运的是，塞舌尔是非洲国家中人口最少的，所以这里有足够的空间留给包括鸟儿在内的动物和植物。事实上，塞舌尔有一半以上的岛屿已经成为自然保护区。

★ 克里奥尔语是塞舌尔人的日常语言。克里奥尔语是一种由多种语言组合而成的语言，但是这种混合体已经让讲原始语言的人也难以理解了。

索马里

索马里人喜爱诗歌。他们在陆地上放牧、在海上捕鱼的时候，都会吟诵诗歌。但是后来，战争、干旱和饥荒爆发了。而且外国的大型拖网捕鱼船还把鱼捕获一空。现在，一些牧民和渔民为了谋生成了现实生活中的海盗——他们驾驶小型快艇追逐着巨型集装箱货轮。索马里的诗人是他们民族真正的英雄，他们现在仍然在创作诗歌。

★ 莫·法拉赫爵士是有史以来世界上最伟大的田径运动员之一。他是索马里裔英国人，在索马里出生，父母也都是索马里人，并且在8岁以前都生活在索马里。他因在2012年伦敦夏季奥运会中获得两枚金牌而闻名！

✱ 现在，索马里人民生活在世界各地，其中许多人是躲避战争、饥荒和干旱的难民。

南苏丹

南苏丹是一个非常传统的国家。在那里，丁卡人和努尔人以自己种植的作物为食，放牧凶猛的长角牛群。许多孩子在家里学习而不是去学校读书。女孩学习如何种植作物，男孩学习如何照看牛群。家里会给男孩一头属于他自己的小公牛。男孩们和他们的小公牛一起成长，甚至共用一个名字。

★ 南苏丹拥有非洲面积最大的草原。没有围栏的草地绵延数千公里，大量的野生动物生活在那里。

* 牛群就像是银行中的存款。人们拥有的牛越多，就越会感到它们的重要。如果需要现金，可以卖掉一头牛，就像使用银行卡提款一样！

苏丹

苏丹是世界上最炎热、最干燥的国家之一。骆驼由于可以行走数周而不需饮水，在汽车发明以前，曾是最受欢迎的交通工具。这里随处可见骆驼市场，赛骆驼更是场面隆重、趣味十足且无比热闹的活动。不过要非常小心——脾气暴躁的骆驼会从高处朝人吐口水，而且它们打嗝和放屁可以持续两分钟！不过苏丹人民还是非常友好的。

★ 苏丹的金字塔比埃及的还要多。这两个国家都曾经是古库什王国的一部分，都曾被苏丹的努比亚人统治。努比亚人是非常了不起的弓箭手，他们还发明了字母书写系统。

✱ 青尼罗河和白尼罗河在苏丹交汇。如果站在它们交汇处的大桥上，就可以看到两种不同颜色的河水在并排流动。

坦桑尼亚

坦桑尼亚是由两个部分组成的国家：一个部分是坦噶尼喀大陆，一个部分是桑给巴尔岛。坦噶尼喀大陆因广阔的塞伦盖蒂稀树草原上每年都会进行的动物大迁徙而闻名于世，数以百万计的动物追逐着雨水，因为有雨水的地方就会青草繁茂。然而它们必须渡过到处是鳄鱼的河流——那些饥饿的鳄鱼正趴在水里等待着猎物——所以并不是所有的动物都能成功过河。桑给巴尔岛因其繁忙的市场而著名，市场里弥漫着香料的气味，充斥着来自世界各地的商人们的叫卖声。

★ 数千年以前，印度尼西亚和印度的水手把肉豆蔻、丁香、香草和肉桂带到了桑给巴尔岛。这些植物至今仍然生长在那里。

✱ 当坦噶尼喀大陆和桑给巴尔岛组成一个国家时，一个新词诞生了：坦桑尼亚。

● 在塞伦盖蒂大草原之外矗立着非洲最高的山——白雪覆盖的乞力马扎罗山。

乌干达

在乌干达，到处可以看到卡车、长途汽车、公共汽车、出租车和小巴士。不到车辆满载超重，司机是不会发车的，而且只要乘客大喊一声“停车”，不管在哪里，司机都会停车，让乘客下车。老人抱着购物袋拥挤地坐在座位上；年轻人把身体探出窗外，手里紧紧握着大学课本，同时大笑着打电话。鸡和山羊也挤成一团。车顶行李架上堆满了大袋子、行李和巨大的香蕉束。

★ 维多利亚湖是世界上最大的热带湖泊，主要分布在坦桑尼亚和乌干达境内，还有少部分位于肯尼亚境内。它的面积有一个小国家那么大。最早发现这个湖泊的欧洲人在见到它时非常震惊，便用自己知道的最了不起的人——维多利亚女王的名字为它命名。

✱ 把乌干达和刚果（金）分隔开的，是美丽的、积雪覆顶、冰川广布的“月亮山”（又叫鲁文佐里山）。

西部非洲

贝宁、布基纳法索、佛得角、科特迪瓦、冈比亚、加纳、几内亚、几内亚比绍、利比里亚、马里、尼日尔、尼日利亚、塞内加尔、塞拉利昂、多哥

西非北部是撒哈拉沙漠，西非南部则是多风的大西洋海岸。在沙漠和海岸中间，自北向南分布着萨赫勒地区，那是沙漠与繁茂的稀树草原交会的地方，接着稀树草原渐渐融入神秘的热带雨林，再往南，热带雨林又融入红树林湿地。繁忙而拥挤的城市随着爵士乐和嘻哈音乐而律动，无论是有着蓝眼睛的沙漠游牧民，还是有着黑眼睛的城市居民，西非人没有不热爱音乐的。无论走在哪里都能看到，男人只要没穿蓝色牛仔裤，就会穿着肥大的裤子，外面套着长而平滑的刺绣长袍。从前，骆驼载着西部非洲的黄金穿越撒哈拉沙漠到达中东的时候，世界上最早的两所大学就在沿途的非洲北部地区建立起来了。现在西部非洲的国家通过集装箱货轮出售钻石和石油。西部非洲受过高等教育的医生、律师和工程师也在世界各地工作。

欢迎来到西部非洲！

"EK'aBo!"（约鲁巴语），"Sannu!"（豪萨语）

"Nnoo!"（伊博语），"How far?"（皮钦语）

"Kusheh-o"（克里奥尔语），"Bienvenue!"（法语）

"Akwaaba"（契维语），"Dalal ak diam!"（沃洛夫语）

"WoezoR!"（埃维语），"Ini sogoma!"（班巴拉语）

"Welcome!"（英语）

马里
尼日尔
塞内加尔
达喀尔
冈比亚
佛得角
几内亚比绍
几内亚
布基纳法索
乳木果油
贝宁
尼日利亚
塞拉利昂
科特迪瓦
多哥
加纳
利比里亚
拉各斯
石油
大西洋

非洲宗教

在非洲，宗教非常重要。基督教和伊斯兰教是最主要的两种有组织的宗教，此外这里也有传统宗教。这些传统宗教认为，世界上的每一个事物都有灵魂——即使是树木、岩石、河流和风暴！这是世界上最古老的宗教信仰，也是所有人类祖先的共同信仰。传统宗教有很多神灵——一些是善良的，一些是邪恶的——而所有的神灵都由一个最高的神统治。

基督教和伊斯兰教一经建立就传入非洲。耶稣的信徒（1世纪时）和穆罕默德的信徒（7世纪时）都到过非洲传教。北部非洲有全非洲最古老的清真寺。东部非洲有世界上最古老的教堂。世界上一些最古老的犹太教堂也在非洲。

一些基督徒和穆斯林斗士试图摧毁传统宗教，但是他们没能成功。现在，大多数非洲人要么是基督徒，要么是穆斯林，但是他们始终在用鼓、舞蹈和礼物表达对传统神灵的敬意。

贝宁

传统宗教伏都教是贝宁的主要宗教之一。在伏都教仪式中，人们会通过打鼓和跳舞来庆祝。有些人说在这些庆祝活动中也会施展“法术”。数百年前，伏都教由非洲人带到了美洲。现在它也是海地的主要宗教之一。

★ 贝宁曾经是达荷美王国的一部分。达荷美王国于1620年建立，延续了200多年。这个王国因强大的军队而闻名，并且这个王国的女兵被认为是世界上最出色最勇敢的。达荷美王国还有一位女将军，她还是个少女的时候，就已经是指挥官了。

✱ 贝宁的彭贾里国家公园让人惊叹，它是西非的狮子仍然能够自由漫步的少数几个地方之一。

布基纳法索

布基纳法索在当地语言中的意思是“正人君子之国”。它有一位叫托马斯·桑卡拉的伟大总统，他曾经说过，“我们必须做出选择，要么为少数人提供香槟酒，要么为所有人提供安全的饮用水”。因此在布基纳法索，你很少能看到豪华的建筑或者奢华的小汽车，在西非其他国家则不然。在这里，如果想四处转转，不管你带着什么东西或是你们有多少人，骑自行车都是最受欢迎的出行方式。

★ 布基纳法索生长着许许多多乳木果树，这种树树干高大，枝叶繁茂。布基纳法索把乳木果油出售到全世界。人们用这种油制作护肤霜和乳液。

* 在布基纳法索，毛毛虫是一种很受欢迎的食物。最美味的要数生活在乳木果树上的毛毛虫，它是一种天蚕蛾幼虫，只吃乳木果树的叶子。

佛得角

大约在 2000 万年以前，大西洋中的火山开始喷发。1200 万年以后，火山冷却下来，熔化的岩浆变硬，形成距离西非海岸不远的群岛，这个群岛就是今天的佛得角群岛。由于气候变化，全世界的海平面都在上升，终有一天，美丽的佛得角群岛将会消失，没入海中。

★ 现在生活在国外的佛得角人比生活在佛得角本国的人要多。这是因为相对而言，佛得角当地居民的生活仍然艰苦，也有些让人担心。那里自然资源匮乏，有时淡水也会被用尽，并且火山爆发时有发生。

科特迪瓦

“科特迪瓦”在法语里的意思是“象牙海岸”。这个名字源于曾经生活在这里的长着巨大长牙的大象。这些巨型的美丽成年大象总是与家人一起漫步，它们始终让小象走在象群中间，以确保小象的安全。外来者第一次来到科特迪瓦时，他们大肆猎杀大象，猎杀了许多头，再把大象的象牙拿去售卖。现在，更多大象因为它们的雨林家园遭受破坏而死亡，还有更多更多大象仍被偷偷猎杀。这些巨大的、喜欢西非雨林生活的大象，现在几乎灭绝了。

★ 大象失去亲人时会很悲伤，它们把树叶盖在死去的亲人的身体上，并且在以后的数年里都会去亲人死去的地方看望。

* 科特迪瓦是世界上可可豆出口数量最多的国家。也许你最爱吃的巧克力棒就是由产自科特迪瓦的可可豆制作而成的。

冈比亚

这个小国全境是一个狭长平原，冈比亚河横贯东西，最后注入大西洋。这里不仅生活着冈比亚人民，还生活着将近 600 种不同的鸟类，包括苍鹭、鹈鹕（tí hú）、火烈鸟、珍珠鸡、猎鹰、戴胜、寿带鸟、太阳鸟和卷尾，还有体形很小的、能与人类沟通互动的响蜜䴕（liè）。

★ 冈比亚是非洲大陆上面积最小的国家。

✱ “塞内冈比亚石圈”由90多个石圈组成，这些石圈有将近2000年的历史。人们认为，这些石圈是围绕着古代国王和首领的墓冢建造的。

◎ 响蜜䴕一生都在寻找蜂蜜。它们发现蜂巢后，就会快速地飞到有人的地方，然后叫啊叫啊，呼唤人们过来打开蜂巢。人们会迅速地跟着它，因为大家都喜欢蜂蜜！

加纳

加纳拥有整个西非最大的市场。成千上万人顶着炎热的太阳，在人行道上拥挤着前行，购买东西。这里售卖衣服和水果、电脑和布料、干鱼和鞋，以及其他任何东西。在非洲市场上，商品没有固定的价格，小贩会告诉你他打算卖多少钱，你可以和小贩讲价，这就看你自己了。这就叫讨价还价——这个过程很快、很热烈，而且充满了玩笑！

★ 加纳有一种用丝绸和棉线编织而成的特殊布料，叫“肯特布”。过去只有阿散蒂王国皇室成员才有资格穿用这种布料做成的衣服。如今，任何买得起的人都可以穿。

✱ 位于库马西的大市场（Kejetia Market）里有大约1万个摊位，超过4.4万人在那里工作。它占地12万平方米，足有一个小型城镇那么大。

几内亚

几内亚人爱在市场上购买鲜艳、漂亮的布料。这里的布料有非常多的颜色和图案可供选择。有的布料印着像动物的图案，有的印着像花朵的图案，有的印着著名总统的照片，有的印着昂贵的小汽车，还有的印着最好的手机！人们会把这些布料做成非常好的、崭新的工作套装和婚礼礼服。

★ 用传统蜡染技艺制作的布料在几内亚最流行。巴迪克（Batik）是印度尼西亚的传统蜡染技艺，拥有悠久的历史。欧洲旅行者在那里学会这一技艺，之后又把这种技艺带到了非洲。现在整个非洲大陆都在使用这种蜡染技艺。

几内亚比绍

不论在几内亚比绍的哪里，婴儿都会被用布兜住，然后系在妈妈的背上。小小的新生儿，吮着手指的小婴儿，还有穿着鞋的稍大点儿的幼儿，都被妈妈背在背上，这样妈妈就可以同时做饭、打水或者坐着摩托的士去银行。如果妈妈在休息或者去工作了，那么，总会有一个姐姐或者其他亲人用绑带背着孩子。

★ 几内亚比绍海岸分布着红树林湿地——那是陆地与海洋交界的热带海岸泥滩，水中盐度较高。红树林树种是世界上少有的可以在含盐的泥滩上生存的树木。

✱ 比热戈斯群岛是一个美丽的沿岸岛群，由88个岛屿组成，每个岛屿都像是一个海岛乐园，那里生活着珍稀动物——河马！

利比里亚

利比里亚是非洲历史最悠久的现代民主国家，并且从未被欧洲人征服过。非裔美国人在大约 200 年前移居到这里。那之前的数百年间，大批非洲人被抓，之后被欧洲人买走，再被贩卖到美洲、欧洲做奴隶。许多年后，一群美国自由黑人回到了非洲，逐渐建立起自己的国家——利比里亚，意思是“自由之地”。

★ 利比里亚有一种特殊的握手礼——先握手，然后再用手指擦出响声。你可以到网络上查看这一礼仪的具体过程。

✱ 1995年，利比里亚足球运动员乔治·维阿被授予非洲足球先生、世界足球先生称号和金球奖奖项——他是史上第一位同一年度包揽这三项荣誉的足球运动员。2017年，他当选利比里亚总统。

马里

马里地处热带，其北部被一望无际的沙漠覆盖，是世界上最热的国家之一。人们穿着宽大的长衫“布布”，戴着圆顶帽来保护皮肤不被酷热的太阳晒伤。建筑物用厚厚的黏土砖砌成，以使屋内保持凉爽，并且窗户都很小，只让很少的阳光照射进来。马里拥有全部由黏土建造的城市——黏土房屋、黏土清真寺、黏土商店和黏土学校。

★ 马里曾是马里帝国的中心地区，马里帝国是非洲最伟大的帝国之一，版图向东延伸至乍得湖，向西至大西洋。当时，它比欧洲更先进，是世界上最大的帝国之一。

✱ 数个世纪以来，廷巴克图这座城市都是重要的学术研究中心，人们在这里研习伊斯兰文化、医学、科学、数学、天文学、文学和艺术等学科。如今，城内的图书馆里仍然保存着一些世界上最古老的手稿。

尼日尔

在尼日尔，大多数人都是农民或牧民。农民生活在潮湿的南方，那里有庄稼生长所需的充足的雨水。牧民在干燥的北方游牧，那里有刚刚够喂养他们的山羊、牛和骆驼的青草。每年旱季，当青草干枯的时候，牧民就会南迁。那时农民正好已经收割完庄稼，剩在田里的庄稼茬就成了牧群的食物。在牧民们赶着牧群要离开时，土地也因这些动物的粪便变得肥沃。这样一来，农民和牧民都非常开心！

★ 尼日尔的沙漠岩画表明，当撒哈拉还是一片充满生机的绿色大草原的时候，这里生活着令人惊叹的动物——岩石上画着河马和鳄鱼，还雕刻着跟真实长颈鹿一样大小的长颈鹿雕像。现在这里特别炎热，雨水常常还没有落到地面就蒸发掉了！

✱ 在尼日尔，赛马、赛骆驼、传统摔跤和拳击，都是最受欢迎的运动。

尼日利亚

尼日利亚的拉各斯是全非洲最大、最繁忙的城市之一。拉各斯拥有数百万辆小汽车，交通经常会堵塞几个小时。所以在这座城市里穿行的最快方式是搭乘摩托的士。不管路段拥堵还是畅通，它们都能在汽车间穿行。但是由于很危险，某些路段已经禁止摩托的士上路了，不过不是所有生活在拉各斯的人都遵守规定……

★ 尼日利亚是非洲人口最多的国家，也是非洲最大的经济体。大约每六个非洲人中就有一个尼日利亚人。

✱ 尼日利亚北部城市卡诺和卡齐纳有着悠久的历史，曾是豪萨人的城邦。

◉ 尼日利亚有号称世界第三的电影产业——“瑙莱坞”，仅次于好莱坞和宝莱坞。

塞内加尔

在塞内加尔，音乐无处不在！它从城市中敞开的窗户里流淌出来，它在乡村角落里随着鼓声响起，它是每所学校里孩子们伴着节拍的歌声。塞内加尔音乐因其极强的感染力而在世界范围内被广泛演奏。创造“Hip-hop”和“Rap”的美国音乐家们，就深受塞内加尔音乐的影响。还有爵士乐音乐家、布鲁斯音乐家和摇滚音乐家，无一不受到塞内加尔音乐的影响。

★ 塞内加尔人把他们的很多词汇带到了美国文化中——“guy”和“banana”就被认为来自塞内加尔语。甚至“okay”这个词，也许就来自塞内加尔的沃洛夫语。

✱ 塞里尼·马塔尔·巴是一位塞内加尔发明家。他最著名的发明是一系列先进的反坦克导弹。

塞拉利昂

在塞拉利昂，既有用玻璃做外墙的摩天大楼、用大理石装饰的大厦、用混凝土建成的公寓，也有用纸壳箱和瓦楞铁搭建的房子。有人开着豪车，也有人连鞋子都没有。有的家庭乘坐飞机去国外度假，有的家庭则全年无休地工作，甚至他们的孩子也要工作。有的孩子在农场或者工厂里工作，有的在街上捡可回收的垃圾来卖。

★ 塞拉利昂是世界十大钻石生产国之一——但是在那里买钻石并不是一个好主意。钻石开采是一项危险的工作，而且很多钻石是由儿童矿工开采的。

多哥

在多哥，每个街角都有食物售卖。小火熏烤的玉米，用树枝做燃料烤制的辣味烤鸡，人们都能买到。在街边小店，顾客坐在摇摇晃晃的塑料桌子旁吃着花生炖菜和炸山药。老年人坐在树下，从头上顶着篮子的姑娘们那里买一些他们非常爱吃的可乐果。

★ 非洲食物在全世界都很受欢迎。非洲人把秋葵和豇豆带到了美国，也教会了定居在那里的欧洲移民如何种植水稻。

✱ 所有西非人都喜欢嚼可乐果。可乐果含有的咖啡因比咖啡豆多，同时它也是生产可口可乐的最初原料之一！

中部非洲

布隆迪、喀麦隆、中非、乍得、刚果（金）、赤道几内亚、加蓬、刚果（布）、圣多美和普林西比

世界第二大雨林——刚果雨林覆盖了中部非洲，这里有猴子、鹦鹉和数以万亿计的昆虫。但是，雨林形成的时间可能并不是很久。大象和河马为了适应这里的生活而不断演化，体形逐渐变小。人类也是如此。生活在热带雨林的族群是中部非洲最早的居民。他们在森林里唱歌，用矛和箭狩猎。后来这里来了一些人，这些人的生活方式对雨林造成了威胁。来自西非的农民砍伐了森林，将林地变成了农场；来自东非的牧民带来了牛和山羊，这些动物啃食小树；而欧洲人垂涎于石油、木材、矿产和种植园。一些中部非洲人一直保持着传统的生活方式，而另外一些选择了现代生活方式，但是不管他们是亿万富翁还是乞讨者，不管他们是银行家还是农民，不管他们是石油钻井工人还是猎人，中部非洲都是他们共同的家园！

欢迎来到中部非洲！

“BaLao”（桑戈语），“Bain veendoes!”（葡萄牙语）

“Mbote!”（恩加拉语），“Boyeyi bolamu!”（林加拉语）

“mbote!”（刚果语）

乍得
中非
喀麦隆
赤道几内亚
圣多美和普林西比
加蓬
刚果（布）
刚果（金）
布隆迪
布拉柴维尔
金沙萨
大西洋
铜

非洲人的发型

在非洲，大多数人的头发都非常浓密，并且非常非常卷曲。这样的头发一长就会缠结成一团，很难梳开。因此，许多女性会把头发编成各种令人惊奇的辫子。

在一些特殊场合（以及在糟糕的日子里），非洲很多国家的女性会戴上既精致又引人注目的头巾。

在非洲的许多国家，女人们要戴希贾布（the hijab）。但是在其他一些国家，男人们用头巾遮头，有时也用头巾遮脸。

布隆迪

在布隆迪，爸爸会教儿子打大鼓。男孩们需要年复一年地练习才能成为鼓手。一名鼓手必须能跳舞，做杂技表演，用头顶着大鼓行进，同时还要疯狂地击鼓！布隆迪大鼓的击打节奏强劲有力，足以让整个世界都想跳起舞来。

★“布隆迪鼓”是用当地的一种叫“umuvugangoma”的野生树木制作而成的。

✱“布隆迪皇家鼓手”是布隆迪的一个打击乐团，乐手们演奏的鼓声铿锵有力，震耳欲聋，令人惊叹。你可以上网找些他们的作品，亲自听一听！

喀麦隆

跟非洲其他国家和地区一样，在喀麦隆，一些孩子由父母开车送到学校，放学回家后他们会玩电脑游戏。然而，还有一些孩子不管上学的路有多远，都得走着去。有的孩子早晨 4 点钟就要起床，然后走很远的路去上学，路上还要小心翼翼地从野生动物的身旁走过。放学后，他们要先在田里干活，之后才能做作业，他们没有任何电子设备可以玩。但是不管多么艰难，喀麦隆的孩子都下定决心要去上学。因为他们都想获得成为机械师、医生、律师、教师和科学家的机会。

★ 喀麦隆种植的作物是全世界孩子都喜欢的——香蕉、花生、甘蔗和制作巧克力的可可。然而，种植这些作物的人们通常非常贫穷，因为他们的劳动并没能换来足够的报酬。有时他们甚至买不起自己种出来的作物——那些我们能在市场上购买的食物！如果我们购买的食物带有“公平贸易”的标签，那就意味着在这笔交易中，农民们的艰辛劳动已经被公平地支付了报酬。

中非

中非距离海洋很远，是一个内陆国家。它坐落于一片广袤的高原之上，那里覆盖着绿色的大草原和茂密的森林。成千上万只蝴蝶在森林中飞来飞去，像珠宝一样绚烂。像钻石一样明亮的星星点亮了大草原的夜空。中非的土地里蕴藏了更多的宝藏——黄金、铀、石油和钻石。

★ 在中非生活着600多种蝴蝶。

✱ 标准磁罗盘的指针会指向北方（几乎在地球上的任何地方都是如此）。但是在中非这个国家使用罗盘时可别迷路了——这里的地下磁场异常，因而罗盘的指针会指向附近任何磁源，所以人们看到的就是指针在乱指。

乍得

在乍得，大多数人会讲 2 种、3 种、4 种或者 5 种语言。在这里，人们使用的语言一共有 120 多种，因此没有人会讲所有的语言！为了确保人们能够互相理解，所有人都要学习两种官方语言——阿拉伯语和法语。但是乍得人说的阿拉伯语或者法语，与世界上其他地方的人说的并不一样——他们有属于自己的乍得版本。语言就和大自然一样，也会演化。

★ 乍得这个国家是以乍得湖命名的。几千年以前，乍得湖曾是世界上最大的湖泊。现在由于气候变化，湖泊的面积已经变小了很多，并且还在不断萎缩。干涸湖床上的尘土还会被吹过大西洋，然后一直被吹到南美洲。

气泡框中的语言是列举出的部分乍得人使用的语言，都是“你好”的意思。——编者注

刚果（金）

刚果（金）的全称是刚果民主共和国，其境内河流众多，因此，乘船出行要比乘车出行更加方便、快捷。孩子们划着独木舟去上学。商人们乘坐快艇去工作。而且，人们会乘坐渡船去看望亲戚和朋友，渡船在刚果河上来来往往，周而复始。人们还能在船上睡觉、做饭，甚至购物。只要小心鳄鱼就行啦！

★ 刚果（金）蕴含丰富的锡矿和钶钽铁矿。这真是太幸运了，因为锡矿和钶钽铁矿是我们制造移动电话和其他手持电子设备的必要原料。

✱ 刚果（金）境内生活着一些长相怪异的神奇动物。獾狮狓（huò jiā pí）看起来像长颈鹿和斑马的杂交体，它们的舌头长达45厘米。

赤道几内亚

在赤道几内亚，雨会连续下好几个月。随之而来的是旱季，连续几个月都没有雨，非常干燥。太阳变得越来越炽热，河流都干涸了，大地也都化为了尘土。当雨季回来的时候，孩子们特别开心，在温暖、丰润的大雨中跳着舞。每个人都非常高兴，因为草地和农田又会变绿啦……除了那些有小汽车的人，因为他们的汽车又要陷在泥巴里啦！

★ 赤道几内亚境内既有大陆又有岛屿。当大陆处于雨季的时候，岛屿通常会非常干燥。而当岛屿处于雨季的时候，大陆通常又会非常干燥。

✱ 赤道几内亚靠出售石油赚取外汇，开采出的石油被销往全世界，并被制成汽油和塑料。

加蓬

在加蓬，茂密的雨林一直延伸到广阔的大西洋海岸。海滩上，无论是雨林动物还是海洋动物都会出来玩耍。海龟在树荫下漫步，还在沙滩上产蛋；大象和象宝宝在浅滩玩水；身形巨大的河马则在海水里冲浪。

★ 加蓬政府一直在努力保护这些神奇的动物——海洋甚至就是一个国家公园！偷猎者们之所以会猎杀动物，只是因为这些动物可以让他们赚到很多钱。如果人们不再购买象牙，那么偷猎者自然就不再猎杀大象了。这样才能从源头上保护野生动物。

刚果(布)

刚果(布)的全称是刚果共和国，其境内的泰莱湖是魔克拉姆边贝(Mokele-Mbembe)的栖息地。你还没有听说过魔克拉姆边贝?它像恐龙一样巨大，像怪物一样可怕，像鳄鱼一样隐藏在湖里。你不相信我吗?哦，那好吧，并不是所有人都相信魔克拉姆边贝的存在，就像并不是所有人都相信它的表亲苏格兰尼斯湖水怪存在一样!

★ 一些非洲传说已有超过6万年的历史：事实上，它们即使没有被文字记载下来，也从未被人们遗忘，而这恰恰表明了这些故事是多么精彩绝伦。

✱ 刚果(布)的首都布拉柴维尔和刚果(金)的首都金沙萨仅隔一条刚果河。这两座城市就像一对故事中的姐妹那样被谈论：一个友好、美丽，另一个却危险、可怕。不过究竟哪一座城市是友好而美丽的，哪一座城市是危险而可怕的呢?

圣多美和普林西比

圣多美和普林西比是一个岛国，由圣多美岛、普林西比岛两个主岛以及罗拉斯岛、卡罗索岛等 14 个小岛组成。岛上的群山被雨林覆盖，无边的翠绿铺展开来。渔民把渔网撒进湛蓝的水晶般清澈的水中。游客躺在白色的沙滩上。农民种植着可可——一种用来制作我们非常爱吃的巧克力和甜食的原料。

★ 圣多美和普林西比种植了大量的可可。可可豆不仅用来制作巧克力，也可以用来制作美容霜。

北部非洲

阿尔及利亚、埃及、利比亚、毛里塔尼亚、摩洛哥、突尼斯、西撒哈拉

非洲北部国家和地区大多位于沙漠之中，这个沙漠被称作撒哈拉沙漠。它比地中海更难以穿越。跟非洲其他地区相比，北非居民的习俗和传统与中东和欧洲更为相似。这是因为几千年来，生活在北非的人要到达中东和欧洲更容易！罗马人、希腊人和土耳其人全都征服过北非，并使北非成为他们帝国的一部分。然后摩洛哥征服了西班牙南部地区，并使其成为庞大帝国的一部分。直到 19 世纪，北非人还从北到冰岛的地方掳来奴隶。在乘坐飞机的时代来临之前，少数成功穿越撒哈拉沙漠的北非人是游牧的柏柏尔商人，他们世居北非，那长长的驼队总是驮着盐和黄金。凡是他们停留的地方，人们就会来买卖货物。

那些交易货物的场所后来成了巨大的市场，而那些市场也已发展成当今北非著名的城市。现在你依然可以在那里买到任何东西，从电子计算机芯片到汽车大小的化石。据说如果有什么东西是你在北非市场上买不到的，那么你在世界上任何其他地方也买不到！

欢迎来到北部非洲！

"AhLaN wa sahLaN!"

（阿拉伯语）

"Amrehba Sisswene"

（柏柏尔语）

"Bienvenue!"

（法语）

足球是最棒的

整个非洲大陆都在为足球而疯狂。1863 年足球竞赛的国际规则被确定下来，远在这之前，非洲人就开始踢足球了。

在非洲，一些人喜欢摔跤和拳击，另外一些人喜欢划独木舟和打篮球，还有一些人是板球和橄榄球的狂热爱好者，但是每个人都对足球充满激情，为它着迷，为它疯狂！

这里的天气非常暖和，人们可以常年在户外踢足球。大多数孩子没有那些会分散他们对踢足球的关注度的东西，比如昂贵的玩具和一些小玩意儿。有钱的孩子穿着知名品牌的足球衫踢球，没钱的孩子穿着破烂的衣服踢球，在这项富有魅力的比赛中，只有速度和技巧才是最重要的。

非洲国家杯足球比赛每两年会举办一届，是非洲规模最大的足球赛事。到目前为止，埃及夺冠的次数已经远远超过非洲的任何其他国家。全非洲的人们都在密切关注这项赛事，但同时他们也关注其他赛事。每个人都有自己喜欢的欧洲俱乐部，而在这些俱乐部里效力的许多最棒的球员都是非洲人！

阿尔及利亚

在阿尔及利亚，女性可以在商店、学校、政府、企业、医院、法庭和清真寺等任何地方工作。超过一半的大学生是女性。而且，许多医生、科学家、律师和法官也都是女性。

阿尔及利亚沙漠中的洞穴岩画，描绘了数千年前人们在这里捕猎成群动物的场景，那时撒哈拉沙漠还是郁郁葱葱、茂盛的大草原。然而现在大多数人都在沿海地区居住——那里的气候跟加利福尼亚很像——因为这个国家的其他地方，要么是白雪覆盖的山峰，要么是灼热的沙漠。

★ 阿尔及利亚是非洲面积最大的国家。

✱ 阿尔及利亚拥有丰富的太阳能资源，并且已经建成了一些太阳能发电厂。

埃及

埃及可能算得上是最有名的非洲国家了。游客喜欢参观著名的金字塔，喜欢乘船沿着壮丽的尼罗河游览，这条河里生活着非洲体形最大的鳄鱼。尼罗河流经首都开罗。开罗是一座巨型城市，拥有整个非洲最好的大学之一，还有一支最出色的军队。

★ 埃及是全世界人口最多的阿拉伯国家，在地域上横跨非洲和亚洲两大洲。

✱ 埃及的大部分地区被沙漠覆盖，所以96%的埃及人只居住在3.6%的国土上，也就是尼罗河谷地和三角洲地区。如果没有尼罗河这条宽阔、湿润，同时给埃及带来肥沃土壤和丰富水源的河流，埃及不会成为历史上那个伟大的国家。

利比亚

位于撒哈拉沙漠东北部的利比亚沙漠，是世界上最炎热、最干燥的沙漠之一。这里有时候会 10 年、20 年甚至 30 年都不下雨！即使是柏柏尔人和热爱沙漠生活的贝都因人，都不会去利比亚沙漠的部分地区。他们更喜欢那些围绕绿洲建起的美丽的城市。柏柏尔人的最美丽的城市是有“沙漠之珠”之称的古达米斯。在这座城市里，曾经只有男人才能走在蜿蜒曲折的街道上，而女人之间要想相互拜访只能在连接起来的顶层露天平台上。现在在利比亚的城市里，男性和女性可以一起走在街上，一起坐在咖啡馆里，一边喝着咖啡一边和孩子们一起欢笑。

★ 在利比亚昔兰尼港附近坐落着希腊宙斯神庙遗址。利比亚也有令人赞叹的宏伟的古罗马城市遗址——大莱普提斯。这里是罗马帝国皇帝塞普蒂米乌斯·塞维鲁的故乡，几乎和罗马一样重要。

✱ 世界上最古老的犹太人社区之一就在利比亚。它可以追溯到公元前300年，那时这里还在古希腊人的统治之下。

毛里塔尼亚

毛里塔尼亚延伸至撒哈拉沙漠深处并且一直深入萨赫勒地区。“萨赫勒”在阿拉伯语中是海岸线的意思，这里可以理解为像海洋一样宽阔的沙漠（沙漠之海）的“海岸线”。这是一片干旱并且满是尘土的大地，生长着带刺的树、多刺的灌木以及长着尖刺的草。幸运的是，毛里塔尼亚也拥有很多绿洲，在这些绿洲中，清澈的泉水从干旱的大地里涌出，树木生长，农场出现，城镇也形成了。

★ 沙漠的面积在渐渐增加，而城镇和村庄正在被沙丘埋没。于是人们纷纷逃离，搬至位于沿海地带的首都或者其他地方。

✱ 在毛里塔尼亚，奴隶制依旧存在。人们像动物一样被买卖。他们没有任何权利决定自己在哪里生活，与谁共同生活，以及在一生中的每个时刻做些什么。

摩洛哥

每座北非城市的核心都是麦地那（在阿拉伯语中意为老城，专指阿拉伯人的传统聚居区）。而麦地那的核心都是露天市场——那是一种古老的集市，穿越撒哈拉沙漠的驼队商人在那里出售他们的货物。古城马拉喀什拥有摩洛哥最大的露天集市。那里卖香料、地毯、皮革、黄金、橄榄和上百种其他的东西——就像一千年前一样。而现在，那里也出售手表、电话、相机。

★ 所有麦地那的街道都狭窄、弯曲，像迷宫一样令人晕头转向。这些街道之所以建得狭窄，是为了遮挡沙漠地区的灼热阳光。街道之所以是弯曲的，是为了阻挡沙尘暴——它能活生生掩埋掉城市。街道之所以像迷宫一样绕来绕去，是为了迷惑入侵的敌人！

✱ 雷诺汽车公司和曾经的标致雪铁龙汽车公司在摩洛哥都设有工厂。

突尼斯

在突尼斯，美丽的金色穹顶清真寺、高耸的基督教尖顶教堂和用冷色调瓷砖装饰的犹太教堂聚集在一起，而穆斯林、基督徒和犹太人会去各自的地方做祷告。在外面阴凉的街道两旁，一家人会坐在餐馆或咖啡馆里享用喜爱的美食。一些人喜欢吃快餐，而另一些人喜欢吃配上古斯米和大饼的传统炖菜。但是所有人都爱喝超级甜的薄荷茶！

★ 在北非各地，炖菜都是用一种厚厚的陶锅烹饪的，这种陶锅叫塔吉锅，它有一个圆锥形的盖子。烹饪炖菜，需要把肉块儿或者鹰嘴豆放在锅的底部，再往上面撒一些香料。蔬菜被摆在上面，呈金字塔的形状，然后盖上盖子，用红热的余火来炖煮。

✱ 突尼斯的橄榄销售量几乎比世界上任何其他地方都高。许多人从事照看橄榄树、采集橄榄的工作。也有人在工厂里工作，突尼斯有许许多多的工厂，它们生产服装、鞋、汽车零部件和其他电子机械设备。

西撒哈拉

西撒哈拉是撒拉威人（Sahrawi）生活的地方，从 20 世纪初叶至 1976 年年初一直被西班牙占领。西班牙撤离后，摩洛哥政府逐渐占领了西撒哈拉约四分之三的土地，并宣称它是摩洛哥的一部分。撒拉威人仍在抗争——他们想要自己管辖这片土地。在过去，撒拉威男人在外放牧，赶着畜群四处寻找草场，女人则留在家中，负责照顾家人、管理钱财，还要恪守戒律。现在，大多数撒拉威人都生活在难民营里，等待着战争结束。

★ 撒拉威人爱喝绿茶。他们认为泡的第一杯茶有点苦，就像生活；第二杯比较柔和，就像死亡；而第三杯是甜的，就像爱情。

✱ 在西撒哈拉，每年都举办撒哈拉国际电影节。这是世界上唯一一个在难民营举办的电影节。

索引

（按汉语拼音顺序）

著作合同登记号　图字：11-2024-019
审图号：GS京（2023）2417号

图书在版编目（CIP）数据

这里是非洲 / (尼日利) 阿提努克著 ; (英) 莫妮 · 费达格绘 ; 黄豆豆译. -- 杭州 : 浙江科学技术出版社, 2024.5
ISBN 978-7-5739-1078-3

Ⅰ. ①这… Ⅱ. ①阿… ②莫… ③黄… Ⅲ. ①非洲－概况－儿童读物 Ⅳ. ①K91-49

中国国家版本馆CIP数据核字(2024)第042815号

官方微博　@浪花朵朵童书
读者服务　reader@hinabook.com 188-1142-1266
投稿服务　onebook@hinabook.com 133-6631-2326
直销服务　buy@hinabook.com 133-6657-3072

书　　名　这里是非洲
著　　者　［尼日利］阿提努克
绘　　者　［英］莫妮・费达格
译　　者　黄豆豆

出版发行　浙江科学技术出版社
杭州市拱墅区环城北路 177 号　邮政编码：310006
办公室电话：0571-85176593
销售部电话：0571-85176040
E-mail：zkpress@zkpress.com
印　　刷　天津联城印刷有限公司

开　　本　1000 mm × 1194 mm　1/16
印　　张　5
字　　数　115 千字
版　　次　2024 年 5 月第 1 版
印　　次　2024 年 5 月第 1 次印刷
书　　号　ISBN 978-7-5739-1078-3
定　　价　98.00 元

出版统筹　吴兴元
封面设计　墨白空间・唐志永
责任校对　张　宁
责任印务　叶文炀
特邀编辑　左　宁
责任编辑　卢晓梅
责任美编　金　晖
营销推广　ONEBOOK